AF142813

Vers des cieux plus cléments

Laurent Desmolles

DANS LA NUIT

Le visage de l'amour
Est venu cette nuit.
Il s'est penché
Au-dessus de mon lit.
Il m'a dit :
« Ouvre les yeux
Et embrasse-moi ! »
Je me suis réveillé
Mais il n'y avait que moi.

SUNSET BOULEVARD

Je venais au cinéma.
Pas pour voir un film.
Pour voir Sandra ;
Sandra l'ouvreuse,
Sandra la caissière
Qui me souriait
Derrière sa glace en verre.
Je venais au cinéma.
Pas pour voir un film.
Pour voir Nadia ;
L'hôtesse,
Pop-corn, glaces, chocolats.
Je venais au cinéma.
Pas pour voir un film.
Pour voir Sandra ou Nadia.
Les plus belles filles,
Encore mieux qu'au cinéma.

DIEU ET L'ENFANT

Sous le trait de sa plume,
Son trait de génie,
Une lumière s'allume ;
Un enfant gémit.

LES LACETS

J'étais assis sous le préau pendant la récréation. Et j'essayais de faire mes lacets. Finalement, on ne m'avait jamais appris ? Et mes lacets, les salops, ils s'étaient défaits. Et ils pendaient tristement, mollement et me toisaient dans un air de défi, plantés là au- dessus de mes godasses en daim .Et j'essayais de les nouer ensemble, de leur donner une allure sans en avoir l'air. Et puis une fille qui m'épiait s'est écrié :

« Y sait pas faire ses lacets, y sait pas faire ses lacets !! »

Et son cri, repris dans un souffle par une flopée de mes petits camarades devint une rumeur et elle explosa au grand jour sous le nez du ciel. Une marée humaine forma un cercle autour de moi et ils chantèrent à tue-tête, reprenant leur litanie de plus belle :

« Y sait pas faire ses lacets, y sait pas faire ses lacets !!! »
Ainsi je découvris ce qu'était la honte.

ET MEME SI...

Et même si,
Même si la vie est un peu toujours
La même,
Même si personne
Ne m'aime,
Je continuerais quand même
A attendre je ne sais qui,
Je ne sais quoi,
A écouter la pluie
Tomber sur les toits.

DONNE-MOI LA MAIN

Comme j'aimerais te sentir près de
moi.
Enlacer ton corps souple qui
m'enivrait
Du vin le plus doux qu'on n'ait jamais
créé.
Donne-moi la main
Et ensemble nous cueillerons
Le fruit idyllique
Que fut notre passion.

LE PAYS

Il existe ce pays
Où le soleil ne meurt pas ?
Ce pays où l'on peut marcher des
jours entiers
Sans jamais se fatiguer ?
Ce pays où les sentiers
Ne vous mènent nulle part
Sauf à l'être aimé.
Je sais qu'il existe
Car nous y sommes allés.
Nous l'avons traversé
Sans nous y attarder.

VERS DES CIEUX PLUS CLEMENTS

Les chiens sont lâchés. Le pauvre homme court comme un forcené, se démène, s'accroche de toutes parts, se coupe, s'entaille profondément ; des milliers d'obstacles naturels entravent sa fuite éperdue.

L'aboiement des limiers à ses trousses le motive davantage et lui donne une nouvelle vigueur qui le pousse à aller de l'avant. Il se tord la cheville sous une racine, trébuche et s'étale de tout son long, mordant la poussière. Bien qu'à bout de souffle et physiquement diminué, il se redresse et avance, le visage tuméfié.

Quelle direction prendre ?

Serait-il encerclé ?

Peut-être est-il désormais perdu ?

Au loin, le bruit d'une chute d'eau vient troubler ses tympans. Plein d'espoir, l'homme s'élance. Il sent l'haleine chaude et le souffle rauque de ses poursuivants sur ses pas, sur sa nuque. Du sourd murmure de la cataracte naît un grondement qui menace de l'assourdir. En boitillant, il s'approche au bord d'une immense falaise, glisse et fait danser quelques cailloux qui dévalent la pente à toute allure et finissent par se perdre dans le tumulte des flots. Un coup de feu est tiré si proche de lui qu'il croit sentir l'odeur de la poudre. Sans réfléchir, il se jette dans l'abîme et lorsque les hommes qui le traquaient impitoyablement apparaissent sur le sentier humide, le fuyard a disparu. Tous se concertent et s'accordent sur le fait qu'on ne peut survivre à un tel plongeon. Bredouilles et grandement frustrés, les chasseurs rebroussent chemin en poussant des jurons de dépit.

Quelques centaines de mètres en aval, un visage émerge de la surface. Péniblement, l'homme se traîne sur la berge et vient s'abriter sous l'ombre d'un imposant rocher.

L'homme éternue. Et ses lèvres esquissent un sourire.
Il a réussi.

FAIRE LES COURSES

Et la vieille elle avance.
En tirant son caddie.
En tirant sur la laisse de son chien.
Et dans son caddie
Il y a
Du beurre,
Des patates,
Des poireaux,
De l'agneau.
Et son chien lui,
Il flaire.
La mort.

AVEC MOI

Dans mon sommeil
Et au réveil.
Dans mes heures perdues.
Dans le métro,
L'ascenseur,
Les toilettes,
Dans les cafés,
Lorsque je marche,
Dans les bouquins,
Au cinéma,
Dans la musique.
Tu es là.

LE CHARME

Mais comment fait-il ?
Il a des boutons sur le visage,
Une brune se retourne sur son
passage.
Il a une vilaine cicatrice sur la joue,
Une blonde s'assoit sur ses genoux.
Mais comment fait-il ?
Il a les cheveux pleins de poux,
Une rousse s'enroule autour de son
cou.
Il lui manque les dents de devant,
Une américaine lui fait des
compliments.
Mais comment fait-il ?
Il a un œil amoché,
Une suédoise lui fait du pied.
Il a les pieds palmés,
Une française l'invite à diner.
Mais comment fait-il ?
Il boîte à demi,
Une australienne s'éprend de lui.
Il sent les fruits de mer,
Une japonaise le présente à son
père.
Mais comment fait-il ?

Mais comment fait-il ?
Mais comment fait-il ?

Ce milliardaire des Bahamas.

PRESBYTERE

Oui monsieur l'abbé,
Je suis un pécheur.
Appâté par les péchés,
J'en ai bien peur.
Oui monsieur l'abbé,
Je suis un menteur.
Je mens à quiconque veut
m'écouter,
Sauf à vous monsieur l'abbé.
Oui monsieur l'abbé,
Je suis un mauvais garçon.
Je ne suis pas ce qu'on fait de mieux
Dans les bons tons.
Oui monsieur l'abbé,
Je vous avoue tout.
Je veux bien vous parler
Parce que c'est vous.
Voilà monsieur l'abbé
Ma confession,
Ecoutez s'il vous plaît,
Un mauvais garçon.

SOUS LE PHARE

Raoul marche lentement sur la plage endormie. Ses pieds nus pénètrent profondément dans le sable frais qui crisse entre ses orteils. Raoul se désespère. Les vagues viennent mourir sur ses chevilles dans un dernier murmure. Le vent est nul néanmoins Raoul frissonne et réajuste le col piteux de sa chemise délavée. La chair de poule l'envahit. Désormais il avance la tête rentrée dans les épaules et ses mains aux doigts longs et osseux sont enfouies dans les poches de son bermuda. Dans la crique il s'installe sur un rocher aux pointes acérées, demeurant sourd aux supplications de son séant. Il remarque alors qu'il n'est pas le seul en ces lieux. Un crabe au dos rouge orangé l'observe de ses petits yeux noirs. Celui-ci ne cille pas et semble même compatir à ses tourments. Raoul sourit.

« Tu t'en fous toi, c'est pas aussi compliqué avec les crabesses ! »

« Que tu crois mon pote ! »

Raoul perd son sourire et fixe son étrange interlocuteur.

« Et en plus je deviens cinglé ! »

Et le crabe de sa démarche de crabe se rapproche prudemment de Raoul.

« Ça t'épate que je connaisse ton langage n'est-ce pas ? »

« Me parles pas. Je parle pas au crabe »

« Vous êtes drôles, vous les humains. Quand on vous pince, vous nous chassez, vous nous insultez et vous essayez de nous écrabouiller par tous les moyens. Sans compter toutes les fois où l'on m'a lancé des caillasses. Et là, je joue la carte de la diplomatie et je suis éconduit ! »

« Vous n'avez pas à pincer les braves gens aussi ! »

« Vous n'avez jamais songé que ce geste avait pour but d'établir un contact .Moi, si je pince, c'est uniquement pour me faire remarquer

.C'est vrai, personne ne prête attention à moi. Un crabe c'est si banal, si anodin, si transparent. Un crabe, c'est sans intérêt »

« C'est la première fois qu'un crabe me donne une leçon de morale sur les malheurs de sa race. Face de crabe ! »

« Face d'homme ! »

« Je suis pas venu jusqu'ici pour me disputer avec un crabe d'accord !! »

« Alors pourquoi es-tu là ? »

« C'est pas tes oignons ! »

« Tu peux parler en toute confiance. Tes confidences demeureront des secrets. Nul n'est plus muet qu'un crabe ! »

« J'en ai la preuve vivante ! En fait, ma femme m'a quitté et c'est elle qui a la garde de notre fille. T'es content là ?! »

« Tu sais…moi aussi »

« Quoi ? Tu n'as pas le moral ? »

« Ma femme m'as quitté »

Raoul pousse un long soupir et secoue la tête. Puis il éclate d'un rire tonitruant.

« Ça c'est la meilleure ! »

« Ne sois pas cruel. Tu vois ce phare au sud. Elle habite là-bas maintenant. Par moments, j'ai envie de la rejoindre »

« Vas- y, ça me fera des vacances ! »

« Je crains d'y aller seul. C'est un périlleux voyage »

« Et dans une minute tu vas sans doute me demander de t'accompagner c'est ça ? »

« Pourquoi dans une minute ? »

Cette nuit- là, le gardien du phare cru apercevoir une silhouette s'immerger lentement dans les flots et s'effacer sous les nappes brumeuses du chagrin.

AIMER

Aimer c'est mentir.
Aimer c'est souffrir.
Aimer c'est s'engloutir.
Aimer c'est s'anéantir.
Ne pas aimer c'est mourir.

RIDEAU

Un jour tout sera mort.
Et les hommes et les femmes
Et la vie et l'amour.
Et même la mort sera morte,
S'en retournera bien loin.
La grande catin.

A L'ETAGE

Et ma main est retombée.
La porte est restée bouche bée.
C'est le silence sur le palier ;
Misérable cri
De la bête éventrée.

LES MAINS

La main qui tue
Et la main qui caresse
Marchent main dans la main
Sans jamais se connaître.

Comme Caïn et Abel,
Elles luttent pour s'aimer.
La main qui caresse,
Caresse-t-elle pour mieux tuer ?

La main qui caresse
Ferme les yeux des morts
Que la main assassine
Vient juste de caresser.

SANS TOI

Chaque heure
Est un jour.
Chaque jour
Est un mois.
Chaque mois
Une année.
Mon infinie beauté.

CHUCHOTEMENTS

Quelques mots d'amour
Pour l'amour qui s'enfuit.
Cet amour qui nous oublie
Sitôt que les jours passent
Et ce sang dans vos veines
Qui ralentit
Et se glace.

PLUS RIEN

Dans ce cauchemar
Où tu me repoussais,
Je voyais tes lèvres
Qui formaient
Le mot oubli.
Alors,
Les photos,
Les vêtements,
Les objets,
Les cadeaux.
Le moindre des moindres.
J'ai tout jeté.

PURE

Du vide,
Du sexe,
Du sang,
Nos sueurs,
Nos odeurs,
Les bruits,
Nos cris,
Nos fous rires,
Nos regards,
Cette lumière,
Nos caresses.

Le silence.

SEUL

Pourquoi le matin j'ai le bras étendu
sur l'oreiller vide ?
Pourquoi je veux mettre deux
assiettes sur la table ?
Pourquoi j'ai l'impression de
t'entendre rire ?
Pourquoi je n'ose plus fermer les
rideaux ?

TENDRESSE DE GOSSE

« Et toi ton père y fait quoi ? »
« Mon père…il est pilote de ligne »
« Aaaah, c'est pas vrai, ton père je l'ai vu, c'est un poubellier. C'est un sale poubellier qui pue la merde ! »

SUR LA TERRASSE

Ton corps de chocolat oscillait
Et le reflet de ta peau
Eclipsait le monde entier.

Tu étais déesse et démon.
Seule la fraîcheur de la nuit
Apaisait les flammes
De mon ardent désir.

Comme un instant béni
Où plus rien ne nous relie
A la civilisation.

Hormis le fait
De consumer nos entités
Comme le premier repas
D'un Midas délivré.

Et dans cette ville
Où tout est faux,
Où tout est vrai,
Où rien ne se ressemble
Et tout est si parfait,
Ne serait-ce qu'un défaut

Si cruel et intense
Et ce défaut
C'est ton absence.

LES MARCHES DE L'HOTEL

En toute quiétude, il se versa un nouveau verre de vin tandis que sa proie ; le visage déformé par la terreur, émit un râle guttural alors que son sang explosait sur le tapis de la chambre d'hôtel. L'homme se redressa, rengaina le Beretta dans son holster et réajusta soigneusement son borsalino. Puis, lentement, il traversa le corridor et descendit les marches de l'escalier du vestibule. Dès son premier pas dans la rue, il fut accueilli et mis en joue par trois agents de police. Quelques mètres plus loin, un poids lourd pila devant un feu rouge en un rugissement de caoutchouc. C'est à cet instant là que l'homme dégaina son arme.

LE BATEAU EN PAPIER

Un petit garçon bien habillé
Construit le bateau en papier
Dont il a tant rêvé.
Il en a tant rêvé
Ce petit garçon,
De le voir naviguer.
Déjà il avance dans les flots
Et le regarde voguer
Sur la mer insensée.
Et il s'éloigne du rivage,
Ça n'a pas d'importance,
La lumière de son visage
N'éclaire pas son insouciance.
Bientôt la mer est déchaînée
Et le bateau en papier
Vient de chavirer.
Accompagné par un petit garçon,
Un petit garçon bien habillé.

ROSEE

Avec la fleur de l'aube
Qui voit la nuit mourir,
J'irais enterrer mon amour
Dans le jardin de nos souvenirs.

Je ferais de toi
La plus belle des œuvres
Sur le plus beau papier.

Je me cacherai là-bas,
Loin dans mon enfer
Comme ces crapauds très laids
Auxquels l'on jette des pierres.

K.O

Je combats l'impossible,
Je n'ai aucune chance.
Mais qu'est-ce que c'est beau
Quand c'est perdu d'avance !

L'ENNEMI

Non ce n'était pas moi. Ce n'était plus moi que je voyais. C'était un autre. Un reflet vide, sans âme .Dépourvu de contour et de fond. Dénué de relief et d'harmonie. Mais en harmonie avec quoi, avec qui ? Avec moi ? Puisque ce n'était plus moi alors à quoi bon ?! Je le regardais cet individu et lui m'observait de l'au-delà de son néant. Il me souriait et je le méprisais. Il voulait m'attirer vers lui. A lui. En lui. Il désirait prendre ma place. Pour qu'il puisse vivre.
Que m'arriverait-il s'il parvenait à ses fins ?
Dans un spasme de frayeur, je le brisais de mon poing et me coupais en de multiples endroits.
Seulement, je ne l'avais pas tué. Il était toujours là. Son image déjà hideuse déformée atrocement par les éclaboussures de verres. Encore présent. Et le pire de tout ; il me

souriait. Et ses globes fous d'une haine persécutrice et torve semblaient sucer ma conscience. Fallait-il donc que je meurs pour m'en débarrasser enfin ?

LE LIEN

Ton absence est le fardeau
Que je porte comme un fusil
Telle la marche du fantôme
Qui s'éloigne sans un bruit.

Tirant sur ses chaînes,
Invisible aux yeux du monde,
Pas après pas,
Revenant à sa tombe.

GRAVITE

Comme la feuille
Qui se détache de sa branche,
Je sombre lentement
Dans une chute,
Qui me rapproche du sol
Dur et froid
De la réalité.

700 NUITS BLANCHES POUR UNE PERLE NOIRE

J'attends le jour
Ou ton parfum de pain d'épice
Cessera de me hanter.
Le jour ou mes yeux
Ne te verront plus.
Le jour ou ton prénom
Ne signifiera plus rien.
Le jour ou ta vision
Me laissera indifférent.

DU TEMPS

Brûle mes sens,
Incendie mes lèvres,
Enflamme mon esprit,
Epuise mon corps,
Embrase mes regrets
Mais laisse-moi t'oublier.

CHAMBRE AVEC VUE
SUR LA MORT

Ce qu'il partagea le plus avec son
père fut la violence. Et ce qui suit,
après l'orage, cette odeur d'ozone
qui brûle les narines et fait trembler
les mains ; le silence. Il essaya de se
remémorer le film de leurs souvenirs
communs mais il s'aperçut que ce
n'était pas un film, même pas un
court-métrage, tout juste un clip.
La plupart de ses souvenirs se
déroulaient dans des bars sordides
ou il l'emmenait avec lui.
Injures, alcoolisme, tabagisme,
disputes, blagues racistes et
graveleuses, posters de femmes
dénudées. Pour un enfant de six
ans, c'était l'enfer sur terre. Avec la
remarque qui le tuait de la part des
autres alcooliques :
« Oh dis donc, ton fils c'est ton
portrait craché » où alors se
penchant au-dessus de lui, lui

soufflant ces mots de leur haleine fétide :

« Qu'est-ce que tu ressembles à ton père, c'est dingue ! »

Oui. Dingue. Complètement dingue. Il repensait à tout ça alors que son père était là devant lui, dans cette chambre d'hôpital, étendu sur ce lit à l'odeur camphrée. Il tremblait de tout son corps, ses jambes étaient osseuses et pleine de sang parce qu'il s'était gratté à s'arracher la peau. Ses yeux terreux, vitreux, jaunes et perdus roulaient dans leurs orbites comme les billes d'un flipper fou. Son corps n'était plus qu'un parchemin de chair ou l'on pouvait lire plus de soixante années d'une vie rude, enlaidie par les vices, asphyxiée par une myriade de démons. Il avait conscience qu'il allait mourir. Il le sentait Cette chambre puait trop. Ce lit serait sa dernière couche .Et la vue était misérable. Il haïssait les hôpitaux. Il savait que son père allait mourir mais il ne savait pas quand et il ne savait pas s'il serait là à ce moment-là. D'ailleurs il y avait peu de chance qu'il fut présent au moment où son père partirait, était-ce un bien ou un mal, il l'ignorait. La photo de sa petite fille était accrochée à la télé et lorsqu'il la regardait, il ébauchait un sourire. Il eut véritablement l'impression que l'alcool s'était incarné dans le corps de son père. Toute cette pourriture enfouie au fil du temps surgissait enfin, suintait par chaque pore de sa peau, chaque millimètre carré de son être transpirait cette liqueur démoniaque. Une présence infâme qu'il ne souhaita à personne.

La dernière chose qu'il vit fut la photo de sa petite fille et en son for intérieur, elle lui rendit sa beauté originelle.

L'OISEAU ET LE VENT

Par un après-midi chaud et
ensoleillé,
Une forêt accueille un digne
rossignol
Qui, sur un épicéa, vint, las, se poser
Et d'un chant change l'ennui en
farandole.

A son chant les fleurs en une, deux
critiques,
Le jugent beau et talentueux,
merveilleux.
Elles ne cessent alors d'acclamer
ses puissants feux
Ne se lassant pas d'éloges
dithyrambiques.

Vient le vent du nord attiré par le
morceau
Pour féliciter et remercier l'artiste.
« N'en faites pas autant pour si
peu » dit l'oiseau.
« Mais puisque vous insistez alors
j'insiste »

« Je vous admire vraiment » dit le
mistral.

« Et encore » dit le passereau,
fièrement,

« Je ne me suis donné que très peu
de mal,

Ecoutez-moi donc, mon bon
monsieur, ce fragment »

« Eh ! Pardonnez-moi l'arrêta le
mistral.

Je vous trouve légèrement
présomptueux »

L'oiseau lui répondit « C'est logique
monsieur

Car ma voix ne peut souffrir aucun
rival »

« Et même de vous car les plus
simples notes

Par vos rugissements ne seraient
que du bruit

Mais taillées de main d'orfèvre dans
ma bouche

Ne s'appelleraient autrement que
mélodie »

Par ces méchancetés le vent fut au
cœur touché
Et dès lors il se mit à souffler et
souffler
Et le minuscule oiseau tant bien que
mal
Dut se courber sous les assauts du
mistral.

Lorsqu'il en eût fini, il lui dit : « A
présent,
Essayez donc un peu de tâter votre
chant.
Faites-nous donc à tous ce grand
plaisir,
Faites de vos cantiques un joli
sourire »

Et, provoqué, le rossignol s'y risqua
Et son narcissisme tomba soudain
bien bas.
« Excusez-moi » dit, penaud, le vent
du nord,

« Peut-être y suis-je allé un soupçon trop fort
Mais si de dédain vous n'aviez cessé d'user,
Je n'aurais fait de vous un oiseau enroué »

LE MUR

Je n'osais pas la regarder.
Dans mes yeux c'était l'aridité
Pourtant elle était belle à en pleurer.
J'avais peur de me brûler
En voulant lui parler.
Dans le bus,
Quelqu'un a demandé l'arrêt.
Elle s'est levée,
La porte s'est ouverte
Et la porte s'est fermée.

A VOT' BON CŒUR

Je vendais des broderies.
Les passants me jetaient
Leur regard contrit.
L'un d'eux me dit :
« Mais c'est interdit
De vendre des broderies ! »

Interdit par qui ?
Interdit par quoi ?
Interdit par la loi ?
Je m'en fiche moi,
Je suis Robin des bois.

Sans adresse
Ni foi.
Je vais où bon me semble
Avec l'embarras du choix.
Je bondis par-delà
L'embarras des lois.

La rose dans les dents,
Les cheveux dans le vent.
Je vends des broderies,
Pas du n'importe quoi.

Pour vous moitié prix,
Parole de hors la loi.

L'AIMEE

Nous étions là, tous deux, sur ton
balcon,
Tu m'as donné gentiment un au
revoir
Et c'est silencieusement que j'ai
disparu
Dans le lointain et sous le manteau
du soir.

La sensuelle chaleur de ton baiser
Continua très longtemps de brûler
ma joue.
Mon corps n'était plus qu'un
immense brasier
Où tout se consumait et tout me
rendait fou.

Dès l'instant je pensais au peintre
qui t'a peinte,
Songeant qu'il était un vrai
perfectionniste.
Sous son adroit pinceau les traits
sont aussi fins

Que l'homme à coup sûr est un
savant artiste.

Mais en visitant une inculte galerie,
J'ai vu que ton portrait n'était pas
exposé.
J'en ai conclu que tout ce qui était
joli
N'était pas obligatoirement au
musée.

Dans mon lit j'ai bien écouté un
concerto ;
Le son des instruments m'a rappelé
ta voix
Si discrète qui chuchote comme un
ruisseau,
Si mélancolique quand elle chante
parfois.

Et je me suis remémoré cette robe
Que tu avais si innocemment
déchirée.
Tu l'avais accrochée à l'une des
branches

Du pin sous lequel je t'avais
rencontrée.

Je me souviens que tu t'étais bien
écorchée,
Tellement émue que tu vacillais
légèrement
Et comme un cheval furieux et
assoiffé,
Je t'ai pris l'avant-bras et j'ai léché
ton sang.

INCURSION

Cette fois, la véritable aventure commence .Une force le propulse et le voilà enfin. Il y est arrivé. Il est d'ailleurs le seul. Enfin le pense-t-il. Personne. Jamais. Mais lui oui. Il ne sait pas pourquoi et il s'en fiche. Il ne se pose pas de questions. Vaut-mieux pas d'ailleurs. La seule chose importante, c'est qu'il soit là. Présent, ici. Tout d'abord, il n'ose pas faire le moindre mouvement. Pour l'instant, il étudie son environnement. Lorsque son instinct lui dicte qu'il peut y aller, il se déplace. D'abord très doucement. Puis avec un peu plus d'assurance. Et enfin normalement ou presque. Il observe tout autour de lui ce monde étrange, ce peuple qui lui est inconnu. Ils se meuvent très rapidement comme s'ils étaient pourchassés. Ils ont tous revêtus des tenues très bizarres et il est fortement surpris parce qu'ils ne sont

pas comme lui. Tous sont
semblables mais tous sont différents.
Alors, peut-être est-ce lui qui n'est
pas dans la norme ? Il ne trouvera
pas la réponse. Il continue à se
déplacer mais se stabilise sans arrêt.
Il ne doit pas se faire remarquer par
eux.

Soudain un choc brutal et le monde
bascule. Sa vision s'inverse et ses
gestes se désordonnent. Il essaie
vainement de communiquer. Il
stagne dans cette position. Les bruits
l'agressent et le torturent comme des
coups de marteaux sur le crâne.
Malgré cela, il se redresse et
avance. Il estime ce monde
effrayant. Les créatures qui
l'entourent sont horribles. Il ne peut
néanmoins s'empêcher de désirer un
contact. Une étincelle. Le déclic qui
provoque tout. Rien ne se passe et
tout est flou, tout est noir mais il
semble progresser. Un bruit
fantastique déchire le temps et
l'espace alors qu'un monstre

métallique gigantesque doté d'une gueule terrifiante lui fonce dessus pour le déchiqueter. Le cri de la bête s'amplifie à mesure que celle-ci se rapproche. Il se recroqueville mais la créature d'acier, certainement très en colère, poursuit sa chasse, seule maîtresse en ces lieux.

« Mesdames et messieurs, bonsoir, je vous remercie d'être avec nous sur RTG, tout de suite les titres du journal. Drame à Lyon, un métro de la ligne B a heurté un jeune trisomique entre les stations Ampère et Perrache. L'adolescent est mort sur le coup.

VOS DESIRS SONT DES ORDRES

J'essayais un chapeau,
Séduisant Borsalino,
Devant la glace courtisane
Et le vendeur Stéphane
Qui en rajoutait,
Qui en rajoutait.

« Dieu que vous êtes beau
Avec ce Borsalino ! »
Irrésistible vendeur,
Hypocrite et menteur.

« Dieu qu'il vous va bien ;
Il vous va comme un gant ! »

Je lui réponds :
« Comment ?! Comme un gant !
J'aurais l'air bien bête
Avec un gant sur la tête ! »

LE PROGRES

C'est lundi matin à la boulangerie.
Il y a du monde ;
Une queue de folie.
Foule de gens
Aux regards absents.
Je me mêle à eux ;
Me fonds dedans.
Personne ici,
Ni à droite ni à gauche
Et hop !
C'est un clafoutis que je fauche.
C'est mardi,
Petit tour à la boulangerie.
Les gens occupés
Ne remarquent pas
La disparition
D'un pain au chocolat.
C'est mercredi.
Je remarque que le boulanger me
remarque.
Il a une sale caboche.
C'est jeudi.
Une dame a surpris
Ma main trop lente.

Je la remercie cette dame âgée.
Son silence m'a soulagé.
C'est vendredi.
Le boulanger m'a attrapé
En flagrant délit.
Il m'a dit :
« C'est le progrès
Petit cancrelat.
Fais un sourire
A la caméra »

BOULOURIS

En colonie
Le soleil m'avait cogné ;
Ses durs rayons en dard d'abeille
Frappaient ma peau lézardée.

En colonie,
La tente que j'ai brûlée ;
Allumettes pècheresses
D'un après-midi abandonné.

En colonie,
Petit tour en barque,
Quel mal de mer !
Maman quelle joie
De revoir la terre.

En colonie,
L'amour qui m'a touché ;
Le goût inoubliable
Du premier baiser.

QUELQUE PART

Tu es là,
Quelque part dans cette ville
Et tu souris à des inconnus.
Des inconnus dont les yeux sont
cousus
Et qui ne voient pas
Que le temps s'arrête et qu'un ange
est passé.

AU CROISSANT CHAUD

Je t'ai rencontrée par hasard
Grâce à Bernard,
Un matin.
Il était amoureux de toi.
C'était un ami commun.
Le vent nous lacérait
Alors on s'est abrités au café
Et on a discuté.
On a fait connaissance,
On a bien rigolé.
Malgré le temps,
C'était une belle journée.
J'ai demandé l'addition
Et Bernard a payé.

UN CONTE DE FAIT

Un pou plutôt moche
Discute avec une sacoche :
« Salut grosse poche, et la santé ? »
Et la sacoche :
« Je sens le renfermé,
On ne m'utilise plus.
Et toi comment vas-tu ? »
« Plutôt affamé
Depuis qu'il s'est rasé.
J'ai gardé des réserves en fûts
De l'ex chevelu ! »
A ce moment-là,
Une lettre s'approche
Du pou très moche
Et de la sacoche.
« Moi, on ne me lèche plus » se
languit la lettre.
Et la sacoche,
Au pou vraiment moche :
« Ne parlons pas avec elle.
Depuis son retour de la poste,
Elle est devenue timbrée.
Elle est tombée amoureuse du
postier ! »

LE PUITS

Je ne vous ai pas raconté
L'histoire de cet homme
Qui était tombé dans un puits.
Au fin fond du Tennessee
Et au fin fond du puits.
Il appelait à l'aide.
Personne ne lui en donnait,
Personne ne l'entendait.
Au bout du désespoir,
Il supplia le tout-puissant.
Il émergea aussitôt des ténèbres ;
De son obscure terreur.
Il remercia le Seigneur.
Il lui baisa les pieds.
« N'en fais pas trop » dit le Seigneur,
« Tu pourrais y retourner ! »

TATIANA

Je m'ennuie, je m'ennuie
Dans les rues de Paris.

Je m'ennuie et j'envie
Votre compagnie.

Je m'ennuie, je m'enfuis
A travers tout Paris.

Je m'enfuis et pâlis
Sous la triste pluie.

Je m'arrête et souris,
Vous êtes là,
Sous votre parapluie.

SOUS LA LUNE

Il entra au café des commerçants. En fait, il s'y réfugia. La pluie martelait les rues désertes qui ne faisaient que refléter sa propre solitude. Il poussa la porte, un grelot tinta, quelques têtes se tournèrent. Le type du comptoir essuyait consciencieusement ses verres. Il lorgna une table située tout au fond, dans l'obscurité. Il s'y installa comme l'on peut se glisser dans une seconde peau. Le barman s'approcha de lui, presque en sautillant et ce qu'il lui demanda fut tout à fait inattendu :

« Vous désirez monsieur ? »

Sa main se baigna de lumière lorsqu'il avança une pièce de monnaie. Il lui répondit qu'il voulait simplement un café. Un café, comme des milliers de personnes avant lui, il voulait boire un café. Dans ce café. Dans le café des commerçants. Au sommet des pentes. Ces pentes si difficiles à gravir et qui se montrent si généreuses une fois franchies. C'est là qu'elles vous révèlent mille et un trésors. Les surprises et le pittoresque du quotidien envoûtés par la romance. La chaleur du café ne le réchauffa guère. Il ôta son pardessus qui gouttait sur un vilain carrelage jaune et, réprimant un frisson, colla son dos contre le radiateur mural. Il se sentit mieux à nouveau. Il était bien là, entouré de tous ces riens qui font un tout ; Le silence, l'obscurité. Dans le silence, chaque parole est une grâce et toute lumière, si faible soit-elle, devient divine dans les ténèbres. Le temps passait et il s'attendait à chaque instant à être gentiment poussé dehors. Par contre, il ne s'attendait pas à entendre le grelot tinter. Ami discret pourtant aussi troublant que le hurlement d'un enfant en pleine nuit. Et quelqu'un entra. Une jeune femme au teint si pâle qu'il en devenait cadavérique.

Au visage de poupée. Une poupée usée, secouée, malmenée, déchiquetée par un enfant turbulent et cruel. Cette femme exhalait le charme pathétique que peut exprimer un jouet que l'on a abandonné. Mais il se laissait aller à la contempler et déjà elle entamait un second café. Elle ne le vit pas. Comment pourrait-elle se douter qu'un individu, masqué par le manteau de l'ombre, la guettait, la buvait de l'œil jusqu'à plus soif. En parlant d'œil, le sien était mélancolique et s'abîmait dans la contemplation de l'affreux carrelage jaune. Ma poupée était lasse d'une lassitude plus quotidienne que désespérée. Tout son être dégoulinait d'un ennui plus insupportable que la laideur du carrelage. Son mascara bavait. Ses mains inquiètes se crispèrent sur sa tasse à tel point qu'on jurerait qu'elle voulait l'étrangler. Il aimerait lui dire…mais déjà son petit corps se déployait dans la salle et elle s'enfuit si promptement que son imperméable flottait à sa suite à la manière d'une traîne de jeune mariée. Il se lança à sa poursuite. Le grelot tinta. Dehors. Il alluma une cigarette. Ses doigts gelaient. Son esprit paniqua et son regard se posa enfin sur elle. La nuit s'appelait solitude et il devait conquérir une poupée de porcelaine sur les pentes. Ses talons sifflèrent sur le trottoir. Il courut. Il eut peur de la rattraper mais il était trop tard. Elle se retourna brusquement sur lui, passablement effrayée, et lui, stupide devant le grotesque de sa position, ne put articuler qu'un bonsoir qui s'échappa de son gosier éteint et vint mourir sous ses talons. Elle le dévisagea, éberluée. Si elle savait à quel point il fut lui-même surpris par sa témérité ! Il tira sur sa cigarette histoire de se donner une contenance quelconque. Son front se contracta, ses mains frêles et

manucurées se refermèrent
violemment sur son sac.
L'appréhension inondait tous les
pores de sa peau. Il sentit son odeur
si subtile qui transpirait,
transparaissait, suintait, giclait et
l'enveloppait d'un nuage de
sensualité qui n'était pas pour lui
déplaire.

« Que me voulez-vous ? »

Ses mots claquèrent sur l'asphalte
comme des balles de revolver.

« Je…écoutez, j'étais dans ce café
là, tout à l'heure et je vous regardais.
Et puis je…enfin, je me suis dit que
peut-être, vous me laisseriez- vous
raccompagner. Vous savez, les rues
ne sont pas sûres »

« Vous m'avez déjà plus effrayée
que n'importe quel voyou. Et puis on
ne se connaît pas ! Non, laissez-moi
seule, ça ira merci ! »

« Pourquoi vous réagissez comme
les autres ? »

« Les autres ? Quelles autres ? »

« Un battement de cils et il fondit sur elle. Une main sur sa bouche et son couteau fouillant sa chair. Il plongea dans son âme. Il frappa, frappa et frappa encore. Elle tomba, les genoux dans son propre sang. Le reflet de sa lame scintillait sous la lumière crue du néon. Dans le trépas, elle lui accorda un ultime regard de souffrance mêlé de reproches et d'interrogations. Puis elle s'écroula enfin. Il replia son cran d'arrêt et s'éloigna de son pêché sanguinolent. Tandis qu'il marchait, il ne cessait de se répéter qu'il n'y était pour rien. Il l'avait prévenue. Il lui avait dit pourtant. Il lui avait dit. Les rues ne sont pas sûres. Les rues ne sont pas sûres. Mais elles ne voulaient jamais l'écouter. Il leva la tête. La lune pleine le narguait de son sourire.

Elle, il ne pourrait jamais l'atteindre.

LE CARREAU SANS CŒUR

J'ai cassé un carreau
Aujourd'hui.
L'ennuyant carreau
Carré de la nuit.

Je me suis introduit chez lui,
Dans la villa endormie.
Il s'est réveillé
Pour un carreau cassé.

On m'a emmené
Aujourd'hui.
Pour un carreau cassé,
Une liberté qui nuit.

COMMERAGES

Au marché des insectes,
D'une origine louche
Se tient une secte ;
La secte des mouches.
On y raconte que,
Ce matin au marché
Une coccinelle,
Bête à bon Dieu,
Aveugla une libellule ;
En lui marchant sur les yeux.

DANS MON DOS

« Ça faisait un moment,
Que deviens-tu ?
Après tout ce temps,
Où habites-tu ? »

« Ça faisait des années
Qu'on ne s'était pas vus.
Depuis le lycée,
Les conneries du bahut. »

« Une éternité,
Qu'en penses-tu ?
Depuis le lycée
Et nos rêves déchus. »

« Ça faisait si longtemps
Qu'on ne s'était pas rencontrés.
Nous étions des enfants,
Comme tu as changé ! »

THALASSA

Je jette la cartouche ;
Il n'y a plus d'encre.
Je change la cartouche
Et je lève l'ancre.

L'ACCORD DES INSTRUMENTS

« Sol la si do »
Chuchote le piano.
« Corrige d'un ton »
suggère le violon.
« Un ton plus bas »
Rectifie l'harmonica.
« Un ton plus haut »
Riposte le saxo.
« Oh ! Y en a marre ! »
Tonne la guitare.
« C'est bien ainsi »
Conclut la batterie.

EN UN TOUR DEMAIN

Je reste muet
Devant le tableau noir.
Immobile, sans défense
Face à mon ignorance.

Le professeur me secoue
Et m'interroge encore.
Je vais devenir fou
Avec sa tête de mort.

Les nombres m'assomment,
Les fractions m'achèvent
Et les équations m'enterrent.
Dis-moi, les maths, à quoi ça sert ?

LE COURRIER

Ce matin
Je descends dans l'allée,
Je descends rapidement
Pour voir le courrier.

Comme tous les matins
J'attends une lettre parfumée.
Il n'y a que des factures ;
Des factures à payer.

VIEILLE PEAU

Une vieille distribue du pain
Pour les pigeons
Place saint Martin.
Elle distribue du pain
Sans cesse et sans fin
De ses affreuses mains.
Parfois les oiseaux confondent
Les miettes de son pain
Et la mie de ses mains.

LES BOTTES

Je ne suis pas un gars
Qui marche à côté de ses pompes.
Pourtant quand je t'ai rencontrée
Rue des chausse-pieds,
C'est bien toi qui m'a refilé
Ces minuscules chaussures ;
Trop petites de trois pointures.

DERNIER SOUFFLE

« Joyeux anniversaire !
Joyeux anniversaire !
Joyeux anniversaire Didier !!
Joyeux anniversaire !
Souffle sur les bougies Didier,
Ce sont les dernières
Que tu pourras souffler.

MOLLUSQUES

Une littorine
Avec une moule,
Sa copine.
Toutes deux assises par terre.
« Dis-moi Jocelyne,
Elle vient quand la mer ? »

BOBBY

L'anxiété de Sam s'amplifiait. Bobby, son chien, un pit-bull de quatre ans, n'avait pas combattu depuis plus de quatre mois et qui plus est, sa dernière blessure à l'œil droit le faisait encore souffrir. Son futur rival, de trois mois son cadet, accusait deux kilos de plus sur la balance et il passait pour être plus hargneux et plus coriace. Les bookmakers plaçaient Bobby à 16 contre 1. Certains même s'avançaient jusqu'à prédire que Bobby se ferait éventrer comme un merlan. Tout cela, Sam le savait pertinemment. Toutefois, quelque chose en lui se refusait à abandonner. Après tout, Bobby n'avait-il pas l'instinct du combat ? La science du coup de grâce ? N'avait-il pas vaincu sept fois déjà dans sa modeste carrière ? Il courait vingt kilomètres par jour, effectuait quelques 700 bonds pour mordre le bras de Sam à chaque entraînement.

Sam ne lui avait-il pas enseigné la rage de vaincre, la hargne, enfin la haine de ses congénères ? Il lui avait inculqué la notion d'excitation à la vue du sang ou de la détresse animale. Et pour toutes ces bonnes raisons, Bobby devint une machine à combattre et à tuer. À vrai dire, le combat avait déjà commencé. Il se livrait dans le cœur de Sam. Devait-il présenter Bobby ? Serait-il encore assez rapide et puissant ? L'issue de l'affrontement donnerait un bon paquet d'argent ou la mort de Bobby. Quittant les marches d'escaliers de son allée crasseuse, Sam émergea dans la rue puante. Çà et là des monticules improbables de détritus s'amoncelaient. Les services publics, notamment la propreté, ne s'aventuraient plus dans le quartier ; trop mal fréquenté. D'un bref sifflement, il fit apparaître Bobby qui trottina sur ses talons. Le chien s'immobilisa. Son faciès semblait sourire indéfiniment. Sam s'agenouilla et attacha sa muselière. En courant, ils rejoignirent le métro et s'y engouffrèrent de justesse. Sam regardait les gens. Les gens observaient Bobby. Bobby leur tirait la langue. Un contrôleur apparut au bout de la rame. Sam se pencha et détacha la muselière du pit-bull.

« Comme d'habitude, mon vieux, comme d'habitude ! »

Lorsque le contrôleur fut sur eux, le chien se dressa fièrement devant lui et aboya furieusement. L'homme recula et sa pomme d'Adam se mit à faire l'ascenseur.

« Les chiens de ce type ne sont pas autorisés dans le métro jeune homme »

« Il n'a pas encore appris à lire »

« Très amusant. Je vais vous demander votre ticket puis de descendre au prochain ! »

Sam donna du mou à la laisse.

« Bien sûr, vous voulez le voir ? Tenez » déclara Sam en lui tendant un ticket périmé.

Bobby se déchainait à présent.

« Non, non, c'est très bien merci et bonne journée ! »

« Au plaisir ! »

Alors que l'homme s'éloignait, Bobby s'affaissa et posa sa tête sur ses pattes, son sourire canin toujours collé sur son faciès.

« Bien joué ! »

Plus tard, ils pénétrèrent dans le hall d'un immeuble délabré et empruntèrent le monte-charge encore en service qui conduisait au troisième sous-sol. Ils marchèrent le long d'un corridor interminable qui paraissait mener droit aux enfers.57.

Tel était le nombre inscrit sur la porte au fond de ce couloir. Seuls quelques initiés détenaient le sésame de cette fameuse porte 57, d'où provenait déjà un boucan épouvantable. Ils entrèrent.

« Où t'étais bordel ?! On croyait que t'allais pas venir ! »

Tel fut l'accueil de Robert, dit Rob, le propriétaire de chiens le plus riche du quartier. Le plus sadique aussi. Dans un arc de cercle qui rappelait une arène, une foule de parieurs hurlaient, fumaient du hasch, s'excitaient mutuellement en attendant le début du combat. Dexter, le chien de Rob, se tenait au fond, maintenu par une épaisse laisse de cuir noire et blanche, elle-même sanglée au mur. Dexter tournait et tournait à la façon d'une panthère. Sa bave visqueuse dégoulinait de sa gueule béante et gouttait lentement sur ses pattes avant. Ses yeux sans fond aspiraient instantanément tout courage. On imaginait aisément ce genre de cabot grignotant une cuisse de mammouth en guise de petit déjeuner. L'assemblée de parieurs se resserra en un étau humain lorsqu'ils se rapprochèrent de la cage de combat. Le « ring » fut installé et sécurisé en deux temps trois mouvements puis un silence funeste s'abattit sur l'arène. Rob s'avança face à la foule, le visage emprunt d'une fausse dignité ; à l'instar d'un politicien devant annoncer à tout un pays une nouvelle qui bouleverserait leur existence à jamais.

« Nous sommes tous d'accord ! C'est un combat à mort ! Aucune autre issue possible. La côte de Bobby est à 16 contre 1. Que ceux qui veulent changer leur pari le fassent maintenant ! »

Personne ne pipa mot.

« Ok, alors on y va ! »

Dans le coin de chaque champion, les entraîneurs dispensaient leurs derniers conseils.

De son côté, Sam encourageait Bobby en lui indiquant la conduite à tenir :

« Ne te précipite pas, fais attention à ton œil. Laisses- le venir. Il est plus lourd, il se fatiguera davantage. Et n'oublies pas la règle d'or : protèges ta gorge ! »

Bobby souriait de son sourire indélébile.

Ils détachèrent les harnais de sécurité et les deux chiens se ruèrent l'un sur l'autre avec frénésie. Dexter, telle une locomotive lancée à toute vapeur, fonça sur Bobby. Celui-ci s'écarta au dernier moment en un réflexe fulgurant et Dexter vint s'écraser le museau sur l'acier. Il ne s'était pas retourné que déjà, Bobby enfonçait ses crocs dans son flan gauche et aussitôt les poils de Dexter furent tâchés de sang. Dexter se contorsionna horriblement et il parvint à mordre Bobby à la base du cou. La clameur du public s'enflait proportionnellement à la violence des assauts. Encouragements, insultes et mégots fusaient de la bouche des parieurs et venaient mourir sur le sable de la cage. Bobby ne lâchait pas prise, il se devait de trouver une position stable et décisive. Dexter demeurait le mieux placé. Il lui suffisait d'attendre que

Bobby se fatigue et il pourrait glisser jusqu'à sa gorge afin de porter l'estocade. Les deux chiens dansaient une valse lugubre ; accrochés l'un à l'autre par les mâchoires, leurs dents perforant leur chair de plus en plus profondément. Ils pataugeaient à présent dans une mare de sang. Au-dessus de la cage, Sam rongeait ses ongles un à un. Bobby ne pouvait pas perdre. Mais avec horreur, il le vit lâcher prise et s'immobiliser sur le sable. Le silence se fit. Dexter se croyant débarrassé de son adversaire, relâcha son étreinte. Pendant une fraction de seconde, il demeura au-dessus de Bobby, sa gorge palpitante offerte à une attaque. Et Bobby frappa à la jugulaire. Il n'aurait pas d'autre chance de tuer Dexter. Il exerça une pression formidable et ne bougea plus d'un pouce. Dexter, dans l'effroi de la surprise, se débattit avec toute la rage dont il était encore capable mais ses forces le quittèrent rapidement et à mesure qu'il se vidait, ses yeux se retournèrent, son arrière-train s'affaissa, ses pattes se détendirent. La foule hurla le nom de Bobby. Il fut acclamé, certains venait d'amasser une petite fortune. Cependant, la plupart avait perdu et pour se venger, ils balancèrent tout ce qu'il leur passait sous la main ; sièges, cigarettes, canettes, tout y passait. Une bagarre éclata provoquant le désordre général. Sam se précipita sur Rob, lui arracha son argent, pénétra dans la cage et récupéra Bobby. Il parvint par miracle à la porte et la claqua violemment. Il glissa la clé dans la serrure et ferma à double tour, les condamnant tous. Bobby gémissait.

« Je vais t'emmener voir le toubib, Bobby, t'en fais pas, on va voir le doc ! »

Il grimpa les escaliers quatre marches par quatre, le chien toujours

dans ses bras, dégoulinant
d'hémoglobine, bavant et gémissant.
« Tiens bon, tu vas t'en tirer ! »
Il s'engouffra dans le métro et
déposa Bobby aussi délicatement
qu'il le put. Les sièges de tissu se
teintèrent de rouge. Une femme cria.
Et puis Sam comprit. Il sut qu'il était
trop tard. Bobby affrontait la mort
avec autant de bravoure que lors de
son combat contre Dexter. Bobby
jeta un ultime regard à Sam et lui
signifia avec les yeux qu'il avait été
un bon maître malgré tout, qu'il ne lui
en voulait pas. Son faciès ne souriait
plus.

L'ESPOIR

J'ai usé mes souliers à force de
marcher
Sur tous ces cauchemardesques
sentiers de pierres.
Après les souliers c'est l'homme
qu'ils ont usé
En m'accrochant d'un rire leurs
maudits fers.

J'ai franchi tant de murs, me suis
tant évadé
Pour conserver auprès de moi ton
image.
Tu peux me croire Isabelle, j'ai tant
voyagé
Pour admirer et caresser ton visage.

Je me suis tant battu, je les ai tant
cassés,
Les ai tant haïs ces cailloux de
souffrances.
Je songeais qu'il n'existait pas de
douleurs
Que tes délicates mains ne pansent.

J'en ai vu coupés sous la faucheuse
et tomber
Des hommes robustes, bien plus
costauds que moi,
Qui n'avaient pas à tout instant ton
amour
Pour dicter leur conduite et leur
servir de foi.

Mais un jour la lourde porte s'est
refermée
En un sinistre et joyeux claquement
derrière moi.
Je t'ai vue, tu n'étais pas assez
éloignée
Pour que je ne vois pas un ange
volant aussi bas.

LE BAISER

Nous nous promenions
Tous deux sur ce quai,
Je sentais ta peau de savon
Que m'emmenait l'air frais.

Les flots gémissaient sous nos pas,
Nous avons cessé de marcher.
Ce fut la première fois
Que je songeais à t'aimer.

Tes cheveux ondoyaient, légers,
Aussi légers que mon cœur.
Tu as rompu ta peur
Et m'as subitement embrassé.

Je fus si heureux
Que tu me donnes ce baiser,
Que même pour si peu,
Je me serais embrasé.

Sur le puissant fleuve
Glissaient deux cygnes noirs.
Comme eux notre amour
Venait parfumer le soir.

357 MAGNUM

Je cherche cette fille,
Cette inconnue à la peau lisse.
J'ai vu sa photo
A l'hôtel de police.

Sa photo toute cornée.
Elle était mignonne quand même
Avec son petit nez
Et ses sourcils
Au crayon dessiné.

Sous sa photo
C'était marqué
En gros,
« Attention danger,
Cette femme peut être armée »

Ça oui elle est armée,
Dangereuse de beauté.
Ma braqueuse
Aux sourcils dessinés.

GOUFFRE

Au premier abord je te soufflerais
ces mots
Fébrilement, comme si ce fut mes
dernières paroles.
Etonnée, tu les jugerais tout
simplement beaux,
Spontanés, provenant de la plus
belle école.

Par la suite, c'est fortement que je
les lirais,
Si profondément et intimement
convaincu.
Comme si rien d'autre ne charmait
où n'était vrai,
Comme si nous fûmes seuls et que
rien d'autre ne fut.

Finalement je les écrirais, les
crierais,
Les hurlerais sans arrêt jusqu'à en
souffrir
Et si jamais par malheur tu ne me
croyais,

Je me tuerais rapidement pour en finir.

OUT

Il ouvrit les yeux et ne rencontra que l'obscurité. La nuit la plus totale. Fébrilement, il se rendit compte de sa situation. Il était pieds et poing liés, assis sur une chaise. Il interpella le néant. D'abord dans un murmure puis n'obtenant pas de réponse, il se mit à hurler ; pris de panique. Ses cris résonnèrent et semblèrent rebondir sur son crâne. Il pensa aussitôt se trouver dans une pièce dépourvue d'ameublement. Il ne perçut aucun bruit. Pas même le cliquetis d'un chauffage ou d'une canalisation. Comment avait-il bien pu atterrir dans cet endroit ? Il se concentra un instant mais sa mémoire lui fit défaut. Depuis combien de temps était-il ici ? Quels étaient les projets de son ou ses ravisseurs ? Mille et une questions lui taraudèrent l'esprit et il fut un moment sous le joug d'une tornade d'anxiété. Il eut la gorge sèche et une envie d'uriner incroyable. Depuis son réveil dans cette pièce, il n'avait pas senti le moindre souffle d'air. L'idée folle lui vint qu'il errait dans les limbes. Seulement voilà il était attaché à une chaise, physiquement diminué. Pourtant il lui fallait passer à l'action. Tenter quelque chose, n'importe quoi. Il entreprit de se séparer des nœuds qui l'entravaient. Après s'être tortillé sur lui-même un long moment, il se résolut à abandonner la partie. Toute tentative d'évasion semblait illusoire. Son hôte s'avérait être un véritable expert du ligotage. Il s'adressa une fois de plus au néant. Mais rien. Des perles de sueur glissèrent sur son front et vinrent piquer sa poitrine. Il sentit la rage mûrir dans tout son être, gagner en puissance et telle une bombe à retardement, il se dirigeait tout droit vers une inéluctable explosion. Il hurla de plus belle. Bientôt il fut à bout de force et sombra dans l'inconscience. Dans un cauchemar on le battait et en effet, on lui asséna une formidable gifle ce qui fut la raison d'un réveil brutal. Toujours ce néant intolérable. Il déglutit à grande peine et s'adressa à l'inconnu(e) :

« Que me voulez-vous ? »

Silence. Il poursuivit.

« Qui êtes-vous ? »

Il attendait une réponse, aussi désespéré que le naufragé guettant un navire plein de promesses. C'est alors qu'il perçut le sifflement d'une respiration. La symbiose parfaite entre la cascade d'une eau fraîche et la colère du serpent à sonnettes.

« Qu'est-ce que je vous ai fait ? » aboya-t-il. La respiration s'effaça. Il resta seul parmi les ombres. Son visage prit l'allure d'un puzzle de frustration et il se mit à pleurer. Des larmes brûlantes et généreuses trop longtemps contenues se faufilèrent sur la pente de ses joues creuses et se désagrégèrent dans une barbe déjà bien fournie. De la morve coulait et venait empoisonner ses lèvres.

« Je vous en prie, répondez-moi ! » implora-t-il.

La cascade d'eau fraîche mugissait de nouveau. Mais le serpent à sonnettes était bel et bien présent lui aussi.

« Dites quelque chose bordel de merde !! » brailla-t-il dans un sanglot. Il sentait la respiration tournée autour de lui et l'aspirer au fond d'un tourbillon d'horreur. Il entendit ses nerfs craquer comme peut le faire une allumette qui s'enflamme. Tout son corps se détendit à mesure qu'il riait. Il riait et riait dans un crescendo de mauvais augure. Un fou rire. Un rire fou qui lui glaçait le sang. Et c'était le sien. Et son adversaire qui maintenait vivant le brasier de cette atroce agonie par le seul soufflet de sa respiration.

« Il est l'heure de manger »

Il fut statufié par cette percée sonore si inattendue. Electroniquement déformée, la voix de l'inconnu(e) devenait hautement plus sinistre. Il eut l'impression que son corps se composait de mille cristaux prêts à se disperser aux quatre coins de la planète. Une chaise (sûrement) grinça sur le plancher. Il s'asseyait en face de lui. Son visage, peut-être à vingt centimètres du sien. Son haleine chaude souffla dans sa direction et il n'y décela aucune odeur. Mais il revivait. Il progressait. Il avait parlé. Il donnait concrètement le signe d'une présence humaine si farouchement désirée. Et voilà qu'il lui donnait la becquée. Quelle charmante attention ! Il n'en demandait pas tant. Il en profita tout de même allègrement et ingurgita de multiples portions ; manquant, dans la précipitation de sa faim, de s'étouffer avec ce premier repas. Il reconnut du riz, se délecta du parfum des poivrons farcis. Ce festin accompli l'amena un peu plus tard inévitablement vers une autre priorité naturelle. Revigoré et désormais confiant, il se lança :

« Ecoutez, merci pour la nourriture. Je ne voudrais pas vous paraître exigeant mais j'ai besoin de me rendre aux toilettes »

Pas de voix électronique. Pas la moindre respiration. Une porte claqua violemment et il sursauta.

« Attendez ! Revenez !! Ce n'est pas un caprice, je... »

Son élan se brisa de lui-même. Inutile d'insister. L'effort que l'on sait vain suit le même tracé qu'un feu d'artifice ; avec une vivacité fulgurante, il atteint le firmament pour instantanément se désintégrer en un millier de morceaux épars. Après une éternité d'attentes inassouvies et de réflexions plus ou moins profondes, il sombra. Une sensation désagréable l'extirpa d'un piètre repos. Puis vint l'odeur ; acide, tenace, presque enivrante. N'ayant sans doute plus eu la force de se retenir, il s'était fait dessus pendant son sommeil. L'expression « être dans la merde » prenait ici toute l'ampleur de sa signification. Il siégeait, condamné à l'immobilité sur le monceau de ses rejets. Et bon sang cette odeur si nauséabonde ! Elle lui brûlait les narines et l'étouffait sous son envahissante et indésirable compagnie.

« Hé ! Aidez-moi ! S'il vous plaît ! Vous ne pouvez pas me laisser dans cet état !! C'est dégueulasse de faire ça !! Qu'est-ce que je vous ai fait pour mériter un tel traitement !! Vous me capturez, vous me ligotez, je mijote dans le noir le plus absolu ensuite vous me donnez à manger pour finalement m'abandonner dans la position la plus dégradante qui soit !! A quoi ça rime cette comédie !! Qu'est-ce-que ça veut dire ? Pourquoi vous ne me tuez pas ? C'est ma souffrance qui vous fait jouir, vous vous en délectez à chaque seconde qui passe n'est-ce pas ?! Homme ou femme, où que vous soyez, je suis persuadé que vous vous masturbez et votre orgasme n'est que la suffocation d'une psychose déjà bien ancrée dans votre cerveau malade !! Vous m'entendez ?! Oh ! Oui ! Vous m'écoutez, ça vous ferait trop mal de ne pas assister à ces paroles de lamentations ! Mais vous savez quoi ! Vous savez quoi !! Je vous emmerde tas de cons, je vous hais, je vous maudis, vous et votre putain de famille sur les cinquante générations à venir !! »

La voix robotisée s'exprima pour la seconde fois. Elle provenait d'un haut-parleur :

« Ce n'est que la première étape » affirma-t-elle sur un ton neutre.

Il hurla.

Lorsqu'il revint à lui, on l'avait lavé de ses souillures. Et ce n'était que le plus minuscule des miracles le concernant. Parce qu'en fait il n'était plus ligoté sur une chaise mais allongé au sol et libre. Il était LIBRE. Seule l'obscurité totale demeurait.

Péniblement, et pour la première fois depuis ce qui lui semblait être d'une opacité décennale, il se redressa. Il lui apparut clairement que le fait de se tenir debout constituait la base même de la dignité. Son pauvre corps ployait sous les maux d'une inactivité prolongée et il massa chaque muscle et chaque parcelle de chair que ses mains pouvaient atteindre. Depuis combien de temps était-il prisonnier ? Ses os gémirent dans un craquement lugubre. Il effectua bon nombre d'exercices d'assouplissements puis entreprit des activités plus dynamiques ; pompes, abdominaux et autres mouvements de boxe. Au beau milieu de sa gymnastique, le haut-parleur grésilla quelques secondes et la voix de robot lui indiqua :

« Il y a un couteau dans la pièce » Il tenta de déceler l'origine du son. La pièce résonnait trop.

« Il y a un couteau dans la pièce ? »
répéta-t-il pour lui-même à haute
voix.

Il ne saisit pas. Un accès
s'entrebâilla sans laisser pénétrer un
seul rai de lumière. Des glissements
de pas. De pattes ? Un grognement
s'éleva ; d'abord sourd et confus, il
augmenta de plusieurs octaves sur
une ligne ininterrompue puis
s'éparpilla en une série d'aboiements
agressifs. Un chien. Il avait affaire à
un chien. Et apparemment ce n'était
pas un caniche. Il réalisa sa chance
que déjà l'animal le percutait de plein
fouet et il tomba à la renverse. Il
adopta aussitôt la position fœtale ;
protégeant sa nuque en y croisant
les mains et assurant sa gorge en
vissant le menton sur sa poitrine. Les
crocs de la bête s'enfoncèrent dans
sa chair. Ces lames de rasoirs le
tranchèrent, le découpèrent sous de
furieux assauts à la vigueur sans
cesse renouvelée. Il se faisait l'effet
d'un surfeur qui aurait chuté sur une

barrière de corail. Une petite voix dans sa tête lui susurra :

« Réagis sinon tu vas crever »

Et la petite voix dans la tête des gens a bien souvent raison. Alors il réagit. Dès qu'il sentit le bas-ventre de son agresseur, il détendit ses pieds d'un seul bloc avec toute la hargne dont il disposait encore et il toucha gagnant. Le canidé émit une longue plainte aiguë. Il venait de les réduire à la taille d'une bille. Profitant de ce petit miracle, il se soustrait à cet affrontement inégal et courut en tous sens. Il pissait le sang et luttait pour ne pas tourner de l'œil. Il prospectait partout et nulle part en particulier ; cherchant une cavité quelconque dans le sol, dans les murs. Le « meilleur ami de l'homme » hurlait toujours à la mort. Il tâtonna encore et encore et frissonna d'angoisse. Son sang se répandait à une vitesse hallucinante. Le chien grognait à présent, il l'imaginait se régénérant aussi aisément qu'un caméscope sur batterie. Et il ne parvenait pas à mettre la main sur ce putain de couteau, si tant est qu'il y en ai vraiment eu un. Il était foutu. Ses forces s'amenuisaient. Très vite, il fut à genoux. Le clébard lui tournait autour. Tel un requin peau-bleue dont l'aileron éblouissant scinde l'océan dans une ultime danse funéraire ; il faisait savoir à sa victime qu'elle vivait là ses derniers instants. Il semblait décidé avec un zest de méfiance. Tandis qu'il vacillait et perdait ses appuis, il sut qu'il allait mourir. Avant de succomber à l'hémorragie, il s'offrit au prédateur ; il écarta les bras à l'instar du sauveur sur sa croix et sa main droite qui retombait mollement à terre, toucha le manche du couteau. Un éclair zébra alors le ciel de son cerveau embrumé. Il pointa l'arme devant lui et le chien, qui avait bondit l'instant précédent, vint empaler son cœur sur une lame d'une main de longueur. Il songea qu'il allait mourir ainsi ; le cadavre brûlant de son ennemi pesant sur lui de sa sinistre présence, enlacés à jamais dans le royaume des ombres après un duel dont nul ne devait sortir vainqueur.

Le paradis est lumière. Lui seul peut vous guider vers cette lumière. Tout n'est que ténèbres. Satan est à chaque coin de rue mes frères, sur le patio de nos demeures, dans la télévision. Il nous encercle. Il faut le combattre. Il savait que Dieu n'était pas loin et qu'il veillait sur lui. Dieu est infiniment bon et il écrabouillera Lucifer sous son pied béni de créateur.
Des visages…
Des hommes…
Des femmes…
Ils lui sourient. Ils discutent entre eux. Ils sont vêtus de blanc…Ce sont des anges.

La lumière est là, si aveuglante et puis…

Plus rien… Il parcourut son corps des mains. Les trous béants causés par les morsures du chien laissaient maintenant place à de nettes cicatrices dont les fils narquois dardaient encore leur tête cruelle. Il s'amusa à tirailler sur l'un d'eux et il ne s'amusa pas deux fois. Il ressentit la douleur. Donc il n'était pas mort. On l'avait soigné alors que son âme vacillait entre la vie et le trépas. S'ils s'y prenaient bien, ce jeu pervers pouvait s'éterniser jusqu'à sa vraie mort. Sur cette réflexion désabusée, la voix robotisée trôna sur les ténèbres :

« La musique adoucit les mœurs »

« Allez- vous faire foutre ! » rétorqua-t-il.

« Allez-vous faire fouuuuuuutre !! » cria-t-il à nouveau en écrasant les mains sur son visage.

Que lui réservaient-ils cette fois ci ?
Contre qui ou quoi devrait-il se
battre ? Un lion ? Un taureau ? Une
marmotte ? Un martien ? Il espérait
que celui qui manipulait le joystick de
ce jeu vidéo grandeur nature pour
débile mental descendrait un de ces
jours pour le rencontrer. Lorsqu'il
serait assez proche de lui, il lui
enfoncerait si profondément son
poing dans le cul qu'il pourrait venir
le chatouiller derrière les yeux avec
son index. Il lança bordées d'injures
sur salves de menaces et après
quelques exercices, il s'écroula,
épuisé.

Ses mains étaient menottées. Le
haut-parleur grésilla et une petite
musique flûtée se dissipa dans la
pièce. C'était plutôt agréable leur
connerie. Le spectacle musical
suivait son cours, les notes
s'entrelaçaient avec la grâce d'un
ballet aérien, l'ensemble s'accordant
en une joyeuse et douce mélodie.

Puis cette mélodie s'accéléra.
Bientôt les notes valsèrent
indépendamment les unes des
autres en une cacophonie
désastreuse. Et le volume de ce
massacre auditif ne cessait de
s'amplifier. Nettement. Encore. Et
encore. Et encore. Insupportable. Il
colla l'une de ses oreilles sur le mur.
L'autre encaissait plein pot. Ses
tympans semblaient se liquéfier. Son
crâne implosait, l'étincelle de la folie
s'alluma et il se mit à danser tant
bien que mal ; les menottes lui
entamant la chair, une gigue
inquiétante et bouleversante. Sa
raison basculait. Il plongea.

Sa propre voix l'expulsa du gouffre. Il
psalmodiait des litanies aussi
répétitives qu'inquiétantes. Il
dessinait des formes sans queue ni
tête. Ses oreilles saignaient. Il se
tordait de douleur. Il cherchait à
s'échapper de l'emprise d'un
chasseur invisible. Il hurlait. Le froid

le tourmentait. La faim le suppliciait. Il confondait rêves éveillés et torpeurs assombries. Il marchait dans les deux mondes. Il ne comptait que des ennemis. Il serra la main d'une personne qui se présenta comme étant la cruauté incarnée. Attablé en compagnie de sept cents autres convives, il but une liqueur douceâtre, mielleuse, qui entra en éruption dans sa gorge et noya tout le sang de ses veines. On lui confia que ce breuvage se nommait « quintessence du péché » Il errait sans fin. On l'abreuvait de reproches. À son passage, les foules s'écartaient, les visages se ratatinaient sous la pression d'une indicible horreur. Tous complotaient dans son dos. Il put voir la créature qui le suivait. L'être simiesque exhiba une dague qui étincela d'une fureur vengeresse et l'abattit sur sa nuque. Il s'écroula, face contre le sol et sa bouche éclata sur l'arête d'un rocher.

Il vivait en immortel
Nul ne pouvait l'atteindre.
A la vue de sa dépouille et croyant
sa fin irréversible, la foule se
dispersa dans un murmure.
Il fut seul.
Des fourmis pénétraient dans sa
bouche.
Sa vision s'obscurcissait.
Le soleil martelait son crâne et
rosissait son front.

Le flash incessant du néon
défectueux de sa chambre d'hôpital
s'insinuait sous ses paupières. Mon
Dieu ! Quel cauchemar infernal !
Un silence sépulcral mortifiait la
pièce. Sa valise était posée à ses
pieds. Il l'attrapa prestement, tout
content de rentrer chez lui. Il jeta un
dernier regard à sa chambre puis il
ferma la porte. Des infirmières le
saluèrent en faisant palpiter leurs
petits doigts menus. Tout guilleret, il
se dirigea vers la sortie. Il croisa le
chemin d'un berger allemand des

plus robustes. Étrange pensa-t-il. Dans un endroit pareil. Le chien ne le quittait pas des yeux. Il disparut de sa vue lorsqu'il obliqua dans l'angle du couloir. Il se sentit soudain mal à l'aise. Ce nouveau corridor qu'il empruntait semblait interminable. Il passa près d'une porte anonyme et l'odeur pestilentielle qui en émanait lui donna une violente nausée. Son malaise se mua en angoisse.

Plus que quelques mètres, il apercevait déjà le panneau de sortie. Une démangeaison jusqu'ici discrète se fit troublante et il souleva sa chemise. Il découvrit les fils de plusieurs cicatrices longues et épaisses.

Quelque chose s'effondra en son for intérieur.

Derrière lui, un homme affolé secouait ses membres squelettiques de façon désarticulé et lui criait de s'enfuir à toutes jambes.

Mais il ne l'entendit pas.

Parce qu'il était sourd.

UN SOIR DE MAI

Je l'ai croisé,
Un soir de mai.
Il était jeune,
Il était laid.

Ses mains tremblaient,
Ses yeux se cachaient.
C'était un soir,
Un soir de mai.

Il était maigre
Et puis tout blanc,
Sur ses chaussures
Y avait du sang.

Je l'ai croisé
Un soir de mai,
Il m'a dit « je l'ai tuée
Et pourtant je l'aimais »

Je lui ai promis
Que je dirais rien,
Je lui ai dit « l'ami,
Passe ton chemin »

TABLE

© 2015, Laurent Desmolles
Edition : BoD - Books on Demand
12/14 rond-point des Champs Elysées, 75008 Paris
Imprimé par Books on Demand GmbH, Norderstedt, Allemagne
ISBN : 9782322017942
Dépôt légal : Mai 2015